AF230203

A BAS HENRI V

PAR

un Pur de la République française

———

Prix : **10** CENTIMES

———

10me ÉDITION

———

(DROITS RÉSERVÉS)

1880

A BAS HENRI V

un Pur de la République française

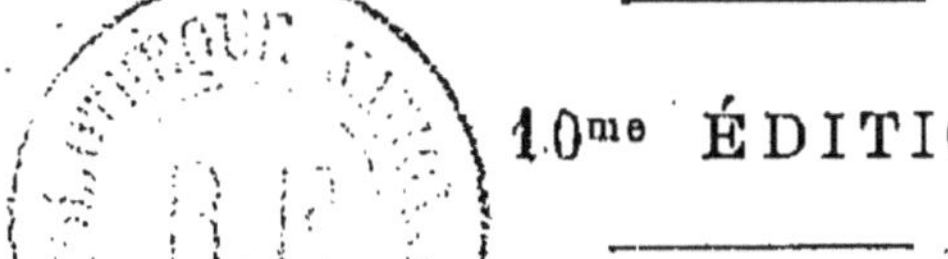

10.me ÉDITION

Prix : 10 CENTIMES

10 exemplaires, franco. . 1 fr.
100 exemplaires, franco. . 10 fr.

Moitié prix pour les LIBRAIRES, COLPORTEURS, etc

(DROITS RÉSERVÉS)

Envoyer les demandes à M. CHEVRIÈRE,
rue Royale, 5, à Lille.

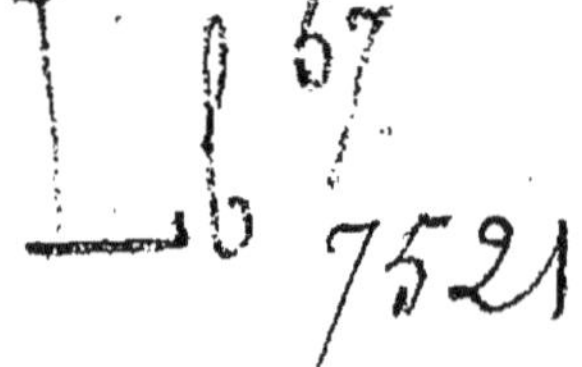

1880

TABLE DES MATIÈRES

PROLOGUE

PROMENADE NOCTURNE. — LE CHEMIN DU CABOULOT.

Minuit venait de sonner : je suivais rêveur les quais de la rive droite de la Seine ; Paris-bourgeois commençait à dormir, mais Paris-viveur était au milieu de ses fêtes. — Une brise humide me caressait les tempes, mon œil s'égarait à suivre, sur la surface de l'eau, les scintillants reflets des mille becs de gaz qui, la nuit, transforment la Seine en un fleuve de feu, et mon esprit s'égarait, jouet de mille pensées diverses.

Rédacteur d'une des petites feuilles les plus lues de Paris, je repassais la série d'évènements qui, trompant les prévisions des plus éclairés, nous ont amenés au gouvernement de M. Gambetta, aujourd'hui le vrai et le seul président de la Répu-

blique ; je voyais les nombreuses réformes
opérées depuis trois ans, je songeais à celles
qui vont s'accomplir, et je supputais la reconnaissance due par le pays à un gouvernement qui fait tant d'ouvrage en si peu de
temps, et m'absorbant de plus en plus dans
mes idées, j'oubliais presque que je m'ap-
prochais d'Auteuil, le but de ma promenade, quand j'entendis derrière moi les pas
d'un homme qui me suivait en courant de
toutes ses forces.

Dans Paris, à cette heure et à cet
endroit, il faut être prudent ; je m'assurai
que mon révolver était bien dans la poche
de mon paletot, et je m'éloignai du bord
de la rive ; le bruit augmentait et le cou-
reur approchait rapidement : cette manière
de voyager, par une obscurité qui exigeait
des précautions même pour le plus calme
marcheur, me semblait tout au moins fort
singulière : j'en étais à ma vingt-deuxième
hypothèse sur les intentions de cet individu,
quand, à trois pas derrière moi, s'arrêtant
essoufflé :

— Qui va là ? s'écria-t-il.
— Mille tonnerres, répondis-je, cela

vous est bien égal, ce me semble ! Que me voulez-vous ?

— Mais, sapristi, vous annoncer la grande nouvelle.

A cette réponse, je reconnus la voix de mon interlocuteur : c'était le citoyen Morat, un meneur bon teint, ouvrier typographe et compositeur de mon journal.

— Quelle grande nouvelle ? interrogeai-je, pensant qu'on l'envoyait vers moi de la rédaction du journal.

— Eh bien, on dit que dans deux jours Henri V sera rentré en France : sur le boulevard, on ne parle plus que de cela ; on aurait découvert un souterrain secret partant de Frosdorff et aboutissant à toutes les jésuitières de France, plusieurs centaines de mille hommes seraient engagés dans ce souterrain, et dans deux jours, le roi serait sur le trône.

— Et tu crois toutes ces sornettes, tous ces contes de vieilles femmes, toi, Morat, un homme sérieux ?

— Mais on a des preuves ; à ce qu'il paraît que les millions qui ont disparu dans les comptes du 4 septembre auraient été dérobés par les Jésuites, pour servir à la construction de ce souterrain.

— Mais tu radotes, mon cher, tu rêves en plein jour, ou tu es fou ? Il n'y a pas plus de souterrain en France qu'il n'y a de cheveux sur ma main,.et si tu veux avoir des nouvelles des millions du 4 septembre, va en demander à Gambetta et consorts.

Voyons, plaisanterie à part, où cours-tu à cette heure ?

— Je vais à l'estaminet du *Bonnet phrygien* faire une conférence contre Henri V. Justement, comme je ne suis pas très ferré sur mon sujet, vous qui êtes rédacteur d'un journal, vous allez me renseigner.

— Montre-moi ton programme.

— Le voici...

Et Morat me tendit un chiffon de papier sur lequel étaient inscrites six accusations des plus graves contre le régime monarchique et Henri V lui-même.

— Très bien ; et tu veux que je te donne des détails sur ces divers points ?

— Oui.

— Eh bien ! je ferai la chose très volontiers, d'autant plus volontiers, que depuis quelques jours que l'on parle tant du Roi, j'ai voulu me rendre compte par moi-même de la vérité, et savoir ce qu'il faut penser d'Henri V et des abus de l'ancien régime.

— Alors, commençons.

— Commençons. Inutile de te dire que selon ma coutume, je serai franc, très franc et te dirai la vérité toute pure, la vérité vraie, sans ambages ni réticences.

— C'est précisément ce que je vous demande.

CHAPITRE PREMIER.

A bas Henri V !

— Venons au fait : examinons chacune des accusations contre Henri V que tu dois prouver dans quelques minutes devant tes futurs électeurs ; tu dis d'abord, si je ne me trompe, qu'Henri V supprimerait la liberté ?

— Oui.

— Et quelles preuves vas-tu fournir pour appuyer cette assertion ?

— J'ai un argument péremptoire.

— Lequel ?

— Voici : Dans une royauté, c'est un seul homme qui commande au peuple, tandis que dans une république, c'est le peuple tout entier qui commande. Donc avec un roi, le peuple n'est pas libre.

— C'est là tout ton argument ?

— Parbleu, il en vaut bien dix autres.

— J'ai pourtant le regret de te dire

qu'il ne convaincra pas grand monde. Tout d'abord, il est usé jusqu'à la corde : voilà des années et des années qu'on le rabache et par conséquent des années et des années qu'on prouve qu'il est absurde. Par exemple, te rappelles-tu du temps de l'empire ?

— Oui.

— Eh bien ! quelle différence vois-tu entre ta position sous l'empire et ta position en ce moment ?

— C'est une question que je ne me pose jamais.

— Tu as tort, et puisqu'aujourd'hui je te le demande, voyons, réponds franchement.

— A vrai dire, il n'y en aurait qu'une : c'est que le pain coûte plus cher maintenant.

— Eh bien ! si tu avais vécu sous la Restauration, tu ne trouverais point non plus d'autre différence, sinon que le pain était encore beaucoup moins cher, et pour le reste, quel que soit le nom de celui qui habite les Tuileries ou l'Elysée, l'ouvrier reste ouvrier et n'en est pas plus souverain pour cela. Qu'on ait un roi comme Charles X, travaillant de toutes ses forces au bonheur du peuple, ou un dictateur comme Gambetta fumant des cigares exquis, pendant que nos soldats se font tuer sur le champ de bataille, l'ouvrier n'en travaille pas moins et n'en vit pas moins du prix de son travail ; il obéit aux lois ; et la seule différence est que le dictateur, fier comme tous les parvenus, mène le peuple beaucoup plus rudement que le vrai Roi qui se sent le père du peuple et qui, traitant l'ouvrier comme son propre enfant, lui laisse au contraire le plus de liberté possible. Tu vois donc qu'il est absurde de faire crier à tes électeurs : *A bas Henri V : il supprimerait la liberté.* C'est faux et de plus c'est bête.

— Je dois le reconnaître : ce que vous dites est juste, et j'étais dans l'erreur sur ce point-là.

CHAPITRE II.

A bas Henri V !

IL AUGMENTERAIT ENCORE LA MISÈRE DES OUVRIERS.

— Voici maintenant une accusation des plus graves : il est impossible à un roi d'améliorer la position de l'ouvrier, car voyez-vous, un roi (Henri V comme les autres), c'est le candidat des riches, et une fois sur le trône, il ne chercherait pas à rendre l'ouvrier plus heureux, au lieu que la République, qui est l'œuvre de l'ouvrier, si elle ne réussit pas à procurer le bonheur à l'ouvrier, au moins elle s'occupe de lui et lui promet des réformes.

— Très bien, mon cher Morat, je prends acte de tes paroles, tu reconnais à la République de bonnes intentions vis-à-vis de l'ouvrier, mais tu reconnais en même temps, que jusqu'à présent, ses bonnes intentions n'ont pas encore eu de résultats, tu prétends de plus qu'Henri V est incapable d'améliorer le sort de l'ouvrier, et que ce serait là le moindre de ses soucis.

— Précisément.

— Eh bien ! tu te trompes !

— Vous plaisantez, Monsieur, ce n'est pas bien de vous moquer ainsi d'un honnête homme ; n'oubliez pas que mes électeurs attendent et que dans quelques minutes je devrai leur parler.

— Mon cher Morat, je t'assure que je ne plaisante pas, tu as confiance en moi, tu me demandes mon avis, et sur ce point comme sur tous les autres, je vais te le donner en toute franchise ; tu suspectes les dispositions d'Henri V pour les ouvriers ; nous allons les juger ensemble et par ses paroles et par ses actes.

Il a durant sa longue carrière reçu un grand nombre d'ouvriers venant le visiter sur la terre d'exil : il les interrogeait avec un soin délicat sur tous les points de leur industrie, et se rendait compte par le menu de toutes les réformes nécessaires pour rendre meilleure leur position : « *Je veux*, disait-il lui-même, *entendre tous les Français et connaître la pensée de* tous, la Vérité est à ce prix.... Si la Providence me fait asseoir sur le trône de mes pères, je ne voudrais être ni le roi d'une classe, ni le roi d'un parti, je voudrais être le roi de tous.... Je n'oublierai jamais que le grand roi Henri IV, mon aïeul, a laissé à tous ses descendants l'exemple et le devoir d'aimer le peuple, c'est là un héritage qui ne peut m'être enlevé. » Aussi Henri V a-t-il pu se rendre à lui-même ce témoignage, sans crainte d'être démenti : « *Partout où j'ai eu le bonheur de rencontrer des Français, je les ai accueillis avec empressement, sans distinction de rangs, de classes, de conditions, ni même d'opinions. Ce sont là, grâce à Dieu, des faits notoires qu'il ne sera pas facile d'obscurcir.* »

Ecoute maintenant le récit de la réception que faisait Henri V aux ouvriers qui venaient le visiter, et pour que tu ne me taxes pas d'exagération, permets-moi de te citer textuellement le récit des ouvriers qui ont été le voir à Wiesbaden en 1850.

« *Une heure après notre arrivée, écrit l'un d'eux,*

nous étions chez M. le comte de Chambord. Nous n'étions plus bruyants comme pendant notre voyage ; l'attente nous rendait silencieux, chacun de nous sentait son cœur battre comme à la veille d'un grand événement. On nous fit monter dans un salon au premier ; nous nous rangeâmes autour de cette pièce. A peine avions-nous pris place que le prince y entra. Ce fut un beau moment. Quelle figure ! quels yeux ! mais surtout quelle bonté !. Il vint rapidement se placer au milieu de la salle : « Soyez les bienvenus, mes amis, nous dit-il, approchez bien près de moi. » Nous nous approchâmes, mais le respect nous tenait à quelque distance encore. « Plus près, s'écria-t-il, plus près encore, je veux me sentir serré par des Français. » Nous l'entourâmes cette fois de si près que nous ne lui laissions que la place de son corps. Ses mains vigoureuses serraient nos mains, ses yeux pleins de tendresse étaient attachés sur nous ; il nous remerciait d'être venus de si loin. Nous ne pouvions parler, les larmes nous suffoquaient. » Un de ces ouvriers se cachait derrière ses compagnons. Le Comte s'en aperçoit, va droit à lui et lui demande pourquoi il se tient à l'écart. « Monseigneur, dit l'artisan, veuillez m'excuser, j'ai perdu ma malle au chemin de fer, je ne suis pas mis décemment pour me présenter devant vous ; mais, ne pouvant résister au bonheur de vous voir, je suis venu espérant me dérober à votre attention. » — « Ah ! mon ami, venez donc, dit le prince en lui tendant la main ; que me fait votre habit ! C'est le cœur que je regarde. »

Voici maintenant des faits d'un autre genre :

En 1845, le comte de Chambord envoya **douze mille francs** aux pauvres de Paris.

L'année suivante, il donna lui-même plus de **quatre-vingt-six mille francs**, et comme l'hiver avait été rude, il organisa à Chambord des ateliers de travail pour les ouvriers indigents et prodigua de nombreux secours d'argent dans les départements de Loir-et-Cher et de la Haute-Marne.

Il y a beaucoup d'ouvriers qui savent cela, et les membres de la classe ouvrière sincèrement attachés à Henri V et désirant son retour sur le trône, sont beaucoup plus nombreux qu'on ne le pense généralement.

Aussi est-ce avec la plus entière vérité qu'il a pu écrire aux ouvriers de France :

« En parcourant les listes nombreuses qui m'ont été apportées, j'ai été heureux et fier de compter tant d'amis dans les classes laborieuses. Etudiant sans cesse les moyens de leur être utile, je connais leurs besoins, leurs souffrances, et mon regret le plus grand est que mon éloignement de la patrie me prive du bonheur de leur venir en aide et d'améliorer leur sort. »

Cette lettre était une réponse à l'adresse suivante :

« *Des ouvriers de tous les états prient M. le comte de Chambord de vouloir bien accepter le témoignage de leur respect, de leur dévouement, de leur reconnaissance pour tant de bienfaits répandus sur des misères françaises, du fond de son exil.... Ces ouvriers, que n'ont pu séduire des théories menteuses et que n'ont pu tromper les calomnies, savent tout ce qu'il y a de haute intelligence, de véritable amour du peuple chez le digne petit-fils de saint Louis et de Henri IV. Ils savent qu'avec lui seul le travail doit renaître, la France doit retrouver la paix solide, la splendeur, la prospérité ; ils désireraient du fond du cœur porter eux-mêmes leur offrande à M. le comte de Chambord, mais ils n'ont pas les moyens d'aller à lui ; puisse-t-il bientôt venir à eux !* »

— « *Qu'il me serait doux*, s'écria le Prince à cette lecture, *de contribuer au bien-être de si braves gens et de leur prouver ma reconnaissance !* »

Après cela faut-il s'étonner d'entendre un brave tailleur de Toulouse s'écrier : « *Vraiment, je suis enchanté de lui.* »

Certes, tous les ouvriers sincères qui connaîtraient ce que je viens de te raconter en diraient autant.

———

CHAPITRE III.

A bas Henri V !

IL NE CONNAÎT RIEN A L'AGRICULTURE
NI AU COMMERCE.

— Mais on dit qu'avec Henri V l'agriculture ne marcherait pas?

— Et pourquoi donc cela ? Crois-tu qu'il rétablirait la dîme, la corvée et les autres droits féodaux ?

— Non pas, non pas ; je sais bien qu'il ne s'agit nullement de cela, mais on dit que le roi ne connaît rien en agriculture, et qu'il ne s'occuperait nullement des questions agricoles.

— Tout d'abord, mon cher Morat, il ne lui est pas difficile de s'y connaître mieux que les gros bonnets de la R. F., il n'y a pas un mois que le bijoutier Tirard, ministre de l'agriculture, apprenait au comice agricole d'Auch, ce que c'est que le maïs. Tout au contraire, le Roi est sur ce point comme sur tous les autres qui intéressent la France un connaisseur achevé : je voudrais que tu puisses voir comment dans ses lettres il s'occupe des plus petits détails de la culture des céréales, de la betterave...

de l'élevage du bétail, de la distillerie, des produits de la vigne.

Quant à ses projets, pour l'agriculture comme pour le commerce, je puis t'affirmer qu'ils sont des plus consolants pour tous eux qui désirent voir la France se relever, et reprendre de ces deux côtés son ancienne supériorité. Henri V protègera nos produits ; il ne permettra pas, comme le font nos républicains de gaîté de cœur, que nos marchés soient encombrés de produits étrangers, qui empêchent l'écoulement des produits français et qui, fabriqués dans des conditions pécuniaires plus avantageuses, font baisser outre mesure le prix des denrées françaises, et des produits de notre fabrication.

Somme toute, mon cher ami, je t'affirme qu'Henri V ramènera avec lui la prospérité de notre industrie et de notre agriculture, et que travailleurs de l'usine et de la campagne acclameront bien vite le roi qui leur apporte de si grands bienfaits, et conviendront, comme tu le vas faire toi-même, qu'il est absurde de crier : *A bas Henri V, il ruinerait notre agriculture.*

CHAPITRE IV.

A bas Henri V !

L'ARMÉE N'EN VEUT PAS.

— Soit, je m'étais trompé ; mais vous m'accorderez qu'Henri V n'est pas l'homme de l'armée ?

— Pourquoi donc ?

— Pourquoi ? Parce que pour être l'homme de l'armée, il faut être intrépide et connaître l'art de la guerre et que Henri V.....

— Ne réunit pas ces deux qualités, vas-tu me dire ?..... Mais sache donc qu'affirmer cela, c'est afficher une grande ignorance de l'histoire contemporaine : tu ne sais donc pas qu'à seize ans Henri V se jetait tout habillé dans la rivière la Moldau, pour être sûr de pouvoir sauver son homme en cas de danger ; on ne t'a pas raconté le courage intrépide dont il fit preuve, quand renversé par son cheval et la jambe brisée, il subit sans se plaindre un traitement des plus longs et des plus douloureux ; tu n'as donc jamais entendu dire qu'à Venise en 1848, il se trouvait sur la place Saint-Marc, quand le peuple révolté fut chargé par les troupes autrichiennes : il assista à la lutte calme et sans sourciller ; pourtant le danger était grand ; un ouvrier fut même tué à côté de lui. Personne n'ignore que culbuter les ennemis de la France à la tête d'un régiment de cuirassiers français, est une des nobles ambitions et des ardents désirs d'Henri V ; d'ailleurs, il connaît parfaitement l'armée et tous ses besoins, et lui porte le plus vif intérêt ; enfin il a été étudier l'art de la guerre et la stratégie aux lieux mêmes où se livrèrent les grandes batailles qui ont illustré la France.

Oui, quoi qu'on en dise, Henri V est bien aujourd'hui l'homme du soldat ; et il serait d'autant mieux acclamé par l'armée française, que cette armée française est en ce moment outrée de la manière dont se conduit le fameux délégué à la guerre, le citoyen Farre. C'est un ministre auquel il n'a pas fallu longtemps pour se rendre impopulaire, et pour se faire détester par tous, depuis le chef galonné jusqu'au dernier des soldats.

L'armée, débarrassée du général Farre, obtiendrait avec Henri V les réformes utiles qu'elle réclame en vain depuis de longues années, et elle verrait de nouveau briller son ancienne gloire, le jour où Henri V remonterait sur le trône de ses pères.

Non, non, l'armée ne serait pas un obstacle au retour d'Henri V. Essentiellement noble et généreuse, elle admire, elle aime ce roi plus majestueux dans son exil, que ne le sont beaucoup de rois sur le trône.

Entre la République et le Roi, l'armée n'hésiterait pas longtemps.

CHAPITRE V

A bas Henri V !

— Passons à l'impôt, et ici je suis sûr de mon affaire : pas besoin d'arguments, le roi doit entretenir une cour, il doit donc coûter beaucoup plus cher qu'une République qui n'a pas de cour à entretenir.

— Il se peut, mon cher ami, que la République n'ait pas de cour à entretenir, mais elle se forme une basse-cour de fonctionnaires qui lui coûte beaucoup plus cher à nourrir que la cour d'un roi, et ici, mon cher Morat, laissons parler les chiffres, ils sont assez éloquents à eux seuls :

Napoléon Ier avait ruiné la France, et la dette qu'il légua au pays, en 1815, dépassait la somme de *deux milliards de francs*.

En 1830, Charles X, que l'émeute chassait, avait diminué la dette publique de

600 *millions*, il avait réduit l'impôt de 92 millions, et le budget était seulement de

972 millions.

Louis-Philippe augmenta la dette publique de 400 *millions* et porta le budget à

1 milliard 467 millions.

La République de 1848 augmenta la dette publique de 500 *millions* et porta le budget à

1 milliard 503 millions.

Le budget de l'Empire, en 1870, était de

2 milliards 223 millions.

Les dépenses de la guerre, de Sarrebruck à Sedan, furent de

Quatre milliards.

Et la guerre à outrance, ordonnée par le gouvernement de la Défense nationale, nous coûta également

Quatre milliards.

Soit ensemble **HUIT MILLIARDS.**

Sans compter l'indemnité des

Cinq milliards.

La conclusion est que Henri V ferait

pour le compte de la France quantité d'économies qui diminueraient à la fois et le budget, et l'impôt et la dette publique; qu'il remettrait en bon état les finances du pays, et que, ainsi qu'il l'a dit lui-même, « *n'ayant d'autre fortune à refaire que celle de la France,*» il se garderait bien de jeter (comme on le fait aujourd'hui) l'argent par les fenêtres, et de soumettre la fortune de la France à un gaspillage tout républicain.

Une maison de commerce qui changerait continuellement de patron, ferait bien vite banqueroute; ainsi, en République les fonctionnaires se succèdent rapidement au pouvoir, et comme les jours, ils se suivent et ne se ressemblent pas ; ils ont tous leur idée différente et leur but distinct. Ils savent qu'ils sont là pour peu de temps, et dès lors, ils poursuivent à outrance leur projet favori, comme s'il n'y avait après eux que le déluge. Malheureusement, la victime de tous ces rêves, c'est le budget.

Au contraire, un Roi qui demeure, songe au lendemain, et son administration sage et paternelle n'oublie jamais que l'argent du budget est un fruit de la sueur du peuple.

CHAPITRE VI.

A bas Henri V !

C'EST UN CLÉRICAL.

— Soit pour tout cela, mais enfin, vous me concèderez qu'Henri V est un clérical et qu'il protégerait les congrégations religieuses autorisées ou non.

— Parfaitement, je te le concède.

— Eh bien ! est-ce qu'un roi clérical, quand il posséderait toutes les autres qualités pour rendre le peuple heureux, peut jamais régner sur la France ?

Je ne te comprends plus, mon cher. Voyons, sais-tu ce que c'est qu'un clérical ?

— Sans nul doute : un clérical, c'est un jésuite.

— Mais alors, qu'est-ce qu'un jésuite ?

— Un jésuite... un jésuite... c'est un jésuite !

— Oh ! je vois bien que comme tous les pauvres républicains des faubourgs, tu n'en sais pas plus long sur la définition de ces

mots à grand effet, j'allais dire à grand
orchestre, que l'on te serine tous les jours,
voire même parfois du haut de la tribune
parlementaire, et que l'on te désigne comme
le point de mire de ta haine. Eh bien ! moi,
je vais t'expliquer le vrai sens de ces mots
fameux : Jésuite, clérical, dans la bouche
des républicains, c'est synonime de catholique, et un catholique, c'est celui qui ob-
serve les commandements de Dieu, qui ne
vole pas, qui ne ment pas, qui ne tue pas,
et qui, de plus, se met à genoux tous les
jours pour demander à Dieu de le guider
et de l'aider dans toutes ses actions. Un
roi catholique c'est donc un roi qui ne dila-
pide pas les finances de la nation, qui ne
-trompe pas le peuple par des phrases en
l'air et de grossiers mensonges, un roi qui
ne déclare pas de guerres injustes, et qui
ne fait pas couler sur les champs de bataille
le sang de ses sujets, par le seul motif que
son bon plaisir est ainsi ; un roi catholique
c'est enfin un roi qui aime son peuple,
comme un père aime son enfant, et qui
tous les jours sait plier les genoux devant
l'infinie majesté de Dieu, pour le prier de

bénir ses sujets, et de lui accorder la grâce de les bien gouverner. Ainsi fera Henri V ; maître de la France, il se mettra à genoux devant le Sacré-Cœur, et le priera de régner lui-même sur la France qu'il aime.

Vois-tu, Morat, c'est une grande garantie pour un pays que d'avoir un chef qui prie ; un homme qui a l'autorité, appelles-le comme tu voudras, roi, empereur, président de la République ou ministre, un homme, dis-je, qui a l'autorité et qui ne prie pas, c'est un homme qui ne croit pas qu'il y ait là-haut un juge de ses actions, et puisqu'un tel homme se croit le seul maître, pourquoi n'en profiterait-il pas, pourquoi serait-il honnête ?

J'en viens à ton dernier grief : Henri V protégerait, dis-tu, les congrégations ; mais c'est là une preuve indiscutable qu'il est un grand ami du peuple. Que font les congrégations religieuses pour le peuple, ou plutôt que ne font-elles pas pour lui ? — Elles lui enseignent la vérité, elles lui font l'aumône, elles instruisent ses enfants gratuîtement, elles lui montrent le ciel comme un gage assuré de l'éternelle ré-

compense pour ceux qui seront restés hon-
nêtes et chrétiens jusqu'à leur mort.

Celui qui protège de pareilles œuvres
aime le peuple, et celui qui ne les protège
pas est le plus grand ennemi du peuple. Si
donc le peuple était un tant soit peu éclairé
sur ses propres intérêts, il rappellerait
bien vite Henri V, qui lui conserverait ses
vrais amis et ses plus grands bienfaiteurs,
qu'on lui ravit en ce moment même en
imitant les procédés des Mandrins les plus
vulgaires, en crochetant les serrures, en
brisant les portes, et en faisant sortir par
la force de leurs domiciles, des citoyens
français coupables d'être vertueux sans
l'autorisation du gouvernement de la R. F.

ÉPILOGUE

Nous arrivions en ce moment à la guinguette du *Bonnet phrygien,* où étaient réunis les futurs électeurs de Morat ; à la lueur des becs de gaz de l'établissement qui s'échappait à travers une vitrine obscurcie par l'humidité, je vis Morat essuyer du revers de sa main une larme qui coulait sur son mâle visage :

— C'est vrai, me dit-il en me serrant la main avec effusion, c'est vrai tout ce que vous m'avez dit là, je vais le leur répéter aussi carrément que vous me l'avez dit.

Nous entrâmes dans une atmosphère chargée de fumée de tabac mêlée à l'odeur de la piquette. Une centaine de rudes gaillards attendait Morat : ils l'accueillirent avec des applaudissements frénétiques. Morat prit gravement la place qui lui était réservée, et par manière de préambule déchargeant sur une petite table de bois un formidable coup de poing :

— Citoyens, dit-il, je venais vous dire du mal d'Henri V, mais je viens de découvrir qu'on trompe indignement le peuple, je vais démolir devant vous tous les mensonges que l'on nous fait avaler. Et l'orateur se mit à redire à ces braves ouvriers tout ce que je lui avais raconté le long du chemin.

Ecouté d'abord avec un certain étonnement, il fut bien vite applaudi et acclamé ; et quand il eut terminé, tous ces hommes du peuple debout et découverts saluèrent d'un formidable vivat le nom d'Henri V, le nom du Roi.

Il y avait en France cent royalistes de plus et si la vérité pouvait être entendue aujourd'hui par toute la France, comme elle le fut par ces ouvriers parisiens, il n'y aurait plus demain en France un Français, un homme du peuple qui ne criât le contraire de :

A BAS HENRI V ! A BAS LE ROI !

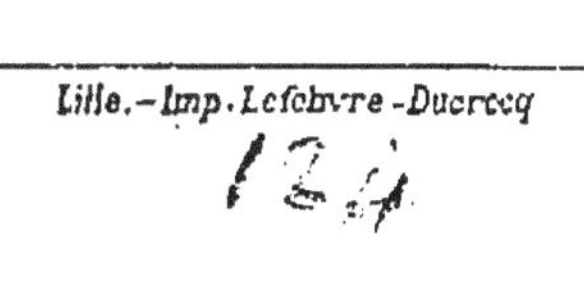

Lille.—Imp. Lefebvre-Ducrocq

www.ingramcontent.com/pod-product-compliance
Lightning Source LLC
Chambersburg PA
CBHW051555070726
47594CB00017B/2277